EXHORTATION

POUR LA VÊTURE

DE

Mlle Marthe TEYSSIER DE SAVY

EN RELIGION

Sœur TÉRÉSITA DE JÉSUS

PAR

M. L'ABBÉ LE REBOURS

Curé de Sainte-Madeleine, Supérieur de la Communauté

Paris, 20 Août 1877.

PREMIER MONASTÈRE DES CARMÉLITES DE FRANCE

EXHORTATION

POUR LA VÊTURE

DE

Mᴸᴸᴱ Marthe TEYSSIER DE SAVY

EN RELIGION

Sœur TÉRÉSITA DE JÉSUS

PAR

M. L'ABBÉ LE REBOURS

Curé de Sainte-Madeleine, Supérieur de la Communauté

Paris, 20 Août 1877.

EXHORTATION

SŒUR TÉRÉSITA DE JÉSUS

cce *venio ut faciam, Deus, voluntatem tuam.* Mon Dieu, voici que je viens pour faire votre volonté sainte.

C'est la première parole du Verbe Divin dans les profondeurs de l'éternité, alors que, résolu à sauver les hommes, Il s'offrit à Dieu son Père pour venir sur la terre s'unir à l'humanité et lui servir à la fois de Rédempteur, de modèle et de secours.

C'est encore sa parole lorsque, entrant dans le monde, Il commença d'accomplir ses éternels desseins. O mon Dieu, dit-il, voici que je viens pour faire votre volonté sainte.

Cette parole, enfin, exprime toutes les dispositions intérieures de son âme à chaque instant de sa vie sur la terre; elle en est le résumé, comme elle en était le programme.

Aussi bien la dépendance de Dieu, l'abandon à sa volonté sainte, le désir de l'accomplir et de s'y dévouer, telle est la loi fondamentale de toute vie créée, telle en doit être la constante disposition. Le Sauveur nous l'a déclaré, et nous en a, le premier, donné l'exemple. Animée de son esprit, sa divine Mère ne saurait tenir un autre langage; et désormais, à la suite de Jésus et de Marie, toute âme chrétienne devra redire à son tour : « O mon Dieu, voici que je viens pour « faire votre volonté. » — « Voici la servante « du Seigneur, qu'il me soit fait selon votre « parole. »

Mais si Dieu veut que son souverain domaine et sa sainte volonté soient honorés ainsi dans le secret des cœurs par ces réponses intimes aux appels sans cesse renouvelés de la grâce : *Ecce venio,* il a voulu de plus que des âmes privilégiées les honorassent par des actes publics et, pour ainsi parler, officiels : elles le font par l'entrée dans la vie religieuse, s'y consacrant à l'adoration et à la dépendance de cette très-sainte volonté, non plus seulement par des actes isolés, mais par état. C'est là, ma Sœur, ce que vous venez faire en ce jour. Pour vous y mieux préparer, je voudrais méditer avec vous chacun des mots du texte sacré. *Ecce venio ut faciam, Deus, voluntatem tuam.*

(DEUS). Mon Dieu ! me voici ! *Deus !* C'est Dieu qui vous appelle ! Il faut bien que ce soit Lui ! Et quel autre aurait le droit de disposer ainsi de votre vie, de l'arracher aux liens les plus sacrés et les plus chers ? Quel autre en aurait le pouvoir ? Oui, Dieu seul a ce droit ; mais Il l'a sûrement, absolument, et nul ne saurait le Lui contester. Il vous a donné l'existence ; vous êtes à Lui avant même d'être à ceux de qui vous avez tout reçu et dont vous étiez le plus cher bien. Vous devez mettre au-dessus de tout sa sainte volonté, parce qu'Il est votre Dieu. Mon Dieu, me voici. *Deus ! venio.*

Ce Dieu, d'ailleurs, qui vous appelle, ma Sœur, est aussi votre Père. Père qui vous aime plus qu'aucun autre ne saurait vous aimer sur la terre, je puis le dire sans blesser auprès de vous aucune tendresse; Père qui veut votre bien, et dont la volonté est à la fois la plus sage et la plus avantageuse pour vous, puisqu'Il est Père et Dieu. Il est donc raisonnable et bon pour vous de suivre cette volonté paternelle.

(ECCE). Mais comment répondre à cet appel? Le texte sacré nous l'apprend. *Ecce,* me voici. A peine, ô mon Dieu, ai-je entendu votre voix, que j'ai répondu sans hésitation, sans retard : « *Ecce,* me voici. »

Il faut sans doute de la prudence et un examen sérieux pour savoir si c'est vraiment Dieu qui appelle, si ce n'est pas seulement l'enthousiasme ardent de la jeunesse, ou l'illusion généreuse d'une ferveur passagère. Sages donc sont ceux qui examinent et qui contrôlent, sages ceux qui prennent le temps d'une discrète épreuve. Mais quand on a reconnu la voix de Dieu, cet accent inimitable qui ne ressemble à rien; que l'on ne connaît, dont on ne sait la force et la lumière que lorsqu'on l'a soi-même entendu; qui, selon l'Écriture, atteint comme un glaive jusqu'à la division de l'âme et de l'esprit, alors il ne faut plus hésiter; Dieu appelle, l'âme le sait; elle n'a plus qu'à dire sans délai : « *Ecce.* Mon Dieu, me voici. »

Je ne prétends pas sans doute, ma Sœur, que le salut dépende absolument de la fidélité à suivre cet appel de Dieu, de telle sorte qu'il devienne impossible si l'on n'a pas répondu à la voix d'en haut; mais que de grâces perdues, que de difficultés plus grandes, parce qu'on n'est pas dans la voie où Dieu nous voulait et où il nous eût aidé davantage! Que d'âmes malheureuses pour n'avoir pas répondu à cette vocation divine!

(VENIO). Voici que je viens. Venir, c'est changer de place, changer de demeure, passer d'un lieu à un autre, d'un état à un état nouveau. Ainsi allez-vous faire.

Jésus quitte la demeure de son Père pour venir sur la terre; vous aussi, ma Sœur, vous quittez la demeure paternelle, mais pour passer en la maison de Dieu. Car vous avez entendu cette parole du texte sacré : « Écoute, ma fille, et prête l'oreille; quitte ton peuple et la maison de ton père. » Vous quittez une demeure chère à bien des titres, où votre jeunesse s'est passée au milieu de si douces joies ! Vous quittez ceux qui ont su, par leur affection si profonde, répandre sur votre vie tant de bonheur, ceux à qui vous devez tant et jusqu'au solennel et incomparable honneur de ce jour, parce qu'ils l'ont préparé. Vous brisez les liens les plus chers et les plus intimes, mais, encore une fois, vous passez en Dieu ; vous quittez votre demeure, la maison de votre père. Sans doute, c'était déjà, je puis bien le dire, la maison du Seigneur ; mais, enfin, celle où vous entrez l'est à un titre plus spécial et plus saint encore.

Que de fois, par un souvenir qui ne sera pas sans émotion, mais où l'action de grâces dominera toujours, vous vous reporterez vers cette demeure bénie où vous avez tant reçu ; vers cette étroite chapelle, ornée par vos soins, où Dieu vous a si souvent parlé au cœur, où votre âme se donnait à Lui, et où pour la première fois l'appel divin s'est fait entendre ! Vous vous retrouverez dans ce pieux sanctuaire où, dès les jours de votre enfance, vos parents vous apprenaient à prier, où votre mère vous offrait à Dieu, ignorant encore jusqu'à quel point Il acceptait son offrande. Cette séparation, ma Sœur, ne saurait être sans douleur. Dieu ne le prétend pas. Il ne cache pas aux âmes ce qu'Il leur demande, ni les sacrifices qu'Il leur impose; Il ne leur défend pas d'en sentir l'amertume : que dis-je ? c'est sa gloire qu'on Le suive en sachant ce que cela coûte, et c'est aussi l'honneur, la dignité, le mérite suprême des âmes que l'acceptation volontaire de tels abandons pour trouver Dieu et pour s'unir à Lui. Je sais, il est vrai, ma sœur, que vous entrez dans une famille nouvelle qui vous aime et qui vous entourera d'affection; mais, enfin, il faut bien l'avouer, ces joies du foyer paternel que vous avez goûtées, et dont vous garderez le souvenir, vous ne les retrouverez plus ! C'est là un sacrifice, sacrifice de tous les instants de votre vie, mais qui attirera, n'en doutez pas, sur ceux qui vous sont chers et que vous quittez, des grâces et des bénédictions nouvelles; leur demeure, laissez-moi le répéter, elle était déjà la maison du Seigneur, elle le deviendra bien plus encore.

(VOLUNTATEM TUAM). Voici que je viens. Mais que venez-vous faire? Vous venez faire la volonté de Dieu, *ut faciam, Deus, voluntatem tuam*. Désormais tous les détails de votre existence seront réglés par elle. Que de fois, dans le passé de votre vie, vous avez cherché la volonté de Dieu! La plus grande angoisse des âmes pieuses vivant dans le monde n'est-elle pas la crainte de se méprendre sur ce que Dieu demande d'elles à chaque instant? Cette incertitude, vous ne l'aurez plus désormais, ma Sœur. Votre Règle sera pour vous l'expression continuelle de la sainte volonté de Dieu; elle saisira toute votre vie, s'appliquera aux moindres détails; mais, en la suivant, vous aurez toujours l'absolue certitude et l'incomparable consolation de faire sans cesse le plus parfait en faisant ce que Dieu demande actuellement de vous. Le sacrifice de la liberté, de la volonté propre, est sans doute le plus grand que l'on puisse faire, et les Saints Pères, avec tous les auteurs de la vie spirituelle, placent à juste titre le vœu d'obéissance au premier rang parmi les trois vœux de religion; mais aussi c'est le plus largement récompensé ; rien ne saurait assu-

rer à l'âme autant de sécurité, de paix et de bonheur.

(UT FACIAM). Mon Dieu, voici que je viens pour faire votre volonté sainte. N'oubliez pas, ma Sœur, cette parole pleine d'instruction : « Je viens pour *faire* votre volonté. » *Faire!* Cela indique l'action, le travail, la lutte. Ne croyez pas, en effet, que la vie religieuse, que la vie du Carmel soit une vie inactive et sans travail. Vous n'y venez pas seulement pour vous tenir doucement endormie d'un sommeil mystique sur le Cœur de l'Époux divin; non, vous y venez pour agir et pour combattre. Cette vie, elle a ses luttes; elle demande une abnégation continuelle, un travail énergique et courageux sur soi-même. Dieu aide, Il soutient, mais Il ne fait pas tout. D'ailleurs, s'il n'y avait pas de combat, il n'y aurait pas de mérite, presque pas de dignité. Au ciel, l'amour de Dieu est béatifiant, il est une récompense; mais sur la terre, il est rarement sans labeur, parce qu'il doit être méritoire. Il faut au Carmel des âmes énergiques et courageuses.

Les desseins de Dieu sur vous, ma Sœur, comme sur toute fille de sainte Thérèse, sont, après tout, les mêmes que ceux qu'Il avait sur le Verbe Incarné. La volonté Divine était qu'il fût un médiateur, et comme un supplément des devoirs, hélas! si négligés des hommes envers la Divinité. Vous devez donc être, ma Sœur, avec le divin Sauveur, en union avec lui, un médiateur et aussi un supplément. Voilà votre mission. Les âmes légères et mondaines ne la comprennent pas; elles appellent la vie contemplative une vie oisive et inutile, lorsqu'elle est, au contraire, entièrement remplie par les actes les plus élevés, les plus grands, par ces actes qui atteignent Dieu directement, si je puis parler de la sorte, et dont chacun a son retentissement jusque dans l'éternité; lorsqu'elle est employée à sauver le monde, dont elle compense les oublis par ses hommages et sur lequel elle attire la miséricorde de Dieu en apaisant sa trop juste colère.

Unie à Jésus, votre vie, ma Sœur, devra être désormais la continuation de la sienne. C'est ainsi que vous ferez la sainte volonté de Dieu. Vous venez adorer pour ceux qui n'adorent pas; quelle grandeur dans cette mission! L'adoration est le premier de nos devoirs envers Dieu, devoir si oublié de nos jours! Vous venez aussi prier pour ceux qui ne prient pas, et par là vous joindrez l'apostolat à la contemplation. N'oubliez pas combien c'était l'esprit de votre Mère sainte Thérèse, avec quelle insistance elle exhortait ses filles à se dévouer tout entières par la prière à cet esprit apostolique, et comment, ainsi qu'elle le dit au prologue du *Chemin de la Perfection*, elle désirait surtout venir en aide, par les supplications de ses saintes filles, à notre pays de France, alors désolé par l'hérésie. Hélas! en nos tristes jours, que d'hérésies sociales parmi nous! que de sanctuaires intimes de la conscience profanés! Accomplissez donc, ma Sœur, avec fidélité, cette grande et première mission de votre sainte vocation, et souvenez-vous toujours que le Carmel est un Ordre de prière, et de prière apostolique. Vous aurez aussi, comme Notre-Seigneur, à rendre grâces pour ceux qui ne remercient pas, devoir encore si méconnu. On demande parfois avec instance quand on craint ou quand l'on désire; mais qui songe à remercier pour les grâces, même le plus longtemps et le plus ardemment sollicitées? Que votre action de grâces, ma Sœur, supplée à l'ingratitude de tant d'âmes! Le Carmel est encore un Ordre d'expiation; compensation si nécessaire à la mollesse de nos jours, il expie pour ceux qui n'expient pas. Vous vous rappellerez la grande pensée de saint Paul : « J'achève ce qui manque à la Passion de Jésus-Christ. »

Voilà, ma Sœur, la sainte volonté de Dieu sur vous, ce que vous venez faire au Carmel. *Ecce venio ut faciam, Deus, voluntatem tuam.* Entrez tout entière en Notre-Seigneur, soyez avec Lui le supplément de l'humanité, et continuez, en ce saint Ordre de sa bienheureuse Mère, son œuvre d'adoration, de prière, d'expiation et d'action de grâces.

Et maintenant, mes Frères, vous qui n'êtes pas appelés de Dieu à un état aussi sublime, vous auxquels il ne demande pas comme aux âmes religieuses une consécration publique et solennelle à sa sainte volonté, est-ce que ces paroles des saintes Lettres que nous avons méditées seront pour vous sans application? Oh! non. Je le disais tout à l'heure, il y a la vocation générale; mais il y a aussi ces appels incessants, ces sollicitations par lesquelles Dieu parle à chaque instant à notre cœur. Ce sont autant de vocations auxquelles nous devons répondre avec le divin Sauveur : « Voici, mon Dieu, que je viens pour faire votre volonté sainte. » Je viens répondre aux desseins que vous avez sur mon âme. Vous me demandez tel sacrifice ? Me voici, je quitte cette vie imparfaite ; c'est votre volonté, cela suffit, je viens pour l'accomplir. La sanctification, je le sais, ne se fera pas toute seule dans mon âme. Vous me demandez cet acte de vertu, je n'attendrai pas ; je mettrai ma volonté, moi aussi, à répondre à vos paroles secrètes, répétant comme votre Épouse : « Me voici, « Seigneur, parce que vous êtes mon Dieu », et que vous seul avez droit que ma vie vous appartienne.

Qu'il en soit ainsi, mes Frères, et tandis que vous allez supplier le Seigneur de mettre sur les lèvres et encore plus dans le cœur de cette nouvelle fille de la séraphique Thérèse ces saintes paroles, vous demanderez à Dieu qu'Il veuille aussi les faire redire à votre vie, afin qu'un jour, tous ensemble, nous adorions et aimions, dans l'éternelle félicité des Saints, ce Dieu auquel nous aurons sans cesse répété ici-bas durant les luttes laborieurses de la fidélité : « Voici que je viens, Seigneur, pour-faire votre volonté. *Ecce venio ut faciam, Deus, voluntatem tuam!* »

Amen !

PARIS. TYPOGRAPHIE DE E. PLON ET Cⁱᵉ. RUE GARANCIÈRE, 8.

PARIS
TYP. E. PLON et Cie
RUE GARANCIÈRE, 8.